# 흙을 망친 범인을 찾아라

글 신현수 | 그림 지문

스콜라

차례

## 1. 농촌으로 휴가를 가자고? 08
- 흙은 어떻게 만들어질까?
- 생명의 터전, 생명의 고향! 흙
- 대한민국 흙의 날, 3월 11일

## 2. 차도녀, 유기농 마을의 농미남을 만나다 16
- 농약과 화학비료는 왜 흙을 망치나?
- 토양오염의 주범, 산성비
- 쿠바의 유기농업

## 3. 벼에도 꽃이 핀다? 26
- 흙을 살리는 우렁이 농법
- 친환경 유기농법에는 어떤 것들이 있을까?
- 흙도 사람도 망가뜨린 베트남전쟁의 고엽제

## 4. 네 똥으로 길렀다고? 34
- 흙이 좋아하는 똥거름
- 똥거름의 필수 조건, 생태 뒷간
- 우리 조상들의 똥 사랑

## 5. 지렁이 소녀의 등장 42
- 흙 속에 사는 토양동물
- 흙을 지키는 착한 농부, 지렁이

## 6 골프를 칠까, 그만둘까? 52
- 느릅나무에 살던 울새는 어디로 갔나?
- 골프장은 왜 흙을 죽이는 걸까?

## 7 사라지는 숲과 녹색 댐 60
- 숲속 흙은 녹색 댐
- 흙을 오염시키는 산업폐기물
- 미국 러브 커낼 토양오염 사건
- 인조 잔디 운동장보다 흙 운동장이 좋아!

## 8 흙집에서 하룻밤 68
- 새집증후군이란?
- 흙집의 좋은 점, 나쁜 점
- 세계의 다양한 흙집

## 9 도시 가족의 흙 살리기 대작전 78
- 지렁이 화분으로 베란다 텃밭 가꾸기
- 좋은 흙으로 할 수 있는 일들
- 도시에서 흙을 살리는 법

**작가의 말** | 우리 함께 생명의 터전, 흙을 지켜요! 90

## 이 책에 나오는 사람들

**차우직**
차도희의 아빠. 농촌에서 나고 자란 탓에 언젠가는 고향으로 돌아가 흙과 더불어 살기를 꿈꾸는 우직한 성품의 회사원.

**나교양**
차도희의 엄마. 도시 토박이이며 환경문제에 대해서는 다소 개념이 없는 전업주부.

**차도희**
이름과 새침한 외모 탓에 '차도녀'로 불리지만 궁금한 건 못 참는 '호기심 소녀'. 사진 찍는 걸 좋아한다.

# 1 농촌으로 휴가를 가자고?

일요일 오후, 도희와 나교양 여사는 잔뜩 부푼 가슴을 안고 휴가 계획을 세우고 있었다. 기다리고 기다리던 여름방학이 3주일 앞으로 다가왔기 때문이다.
하지만 둘은 옥신각신할 뿐, 좀체 의견을 모을 수가 없었다. 가고 싶은 곳이 너무 달랐던 까닭이다.

"뭐, 뭐 휴가?"
바로 그때 소파에 누워 늘어지게 낮잠을 자고 있던 차우직 씨가 부스스 일어났다.
눌린 머리카락을 정돈하며 얼른 정신을 차리고는 짐짓 근엄한 목소리로 말했다.

"에헴, 에헴. 사랑하는 가족 여러분! 가장의 중대 발표를 들어 보지 않으렵니까? 올 여름에는 아주 특별한 곳으로 휴가를 가기로 했습니다."

"어디로?"

"나, 차우직의 고향으로! 일정은 3박 4일! 이름하여 농촌 체험 특별 휴가가 되겠습니다!"

오오.. 그곳으로 가자~.

아니, 이 양반이 자다가 봉창이야!

야!

"금쪽같은 여름휴가를 왜 농촌으로 가는데? 난 결사반댈세!"

"맞아! 휴가 계획을 아빠 마음대로 정하는 건 옳지 않아요! 농촌도 싫고요!"

하지만 평소 민주적인 가장이라고 자부하는 차우직 씨이건만 이번만은 결코 물러서지 않았다.

"휴우, 아빠가 저렇게까지 말하는데 한 번 들어주지요. 여름방학 체험 학습 보고서도 낼 겸."

"한 번쯤은 들어줘야 체면이 서겠지? 농촌으로 휴가 가면 몸매 걱정은 안 해도 되니 그것도 좋고……"

도희와 나교양 여사는 약속이라도 한 듯 고개를 끄덕였다.

"난 찬성! 전 효녀잖아요. 호호."
"알았어, 착한 내가 양보해야지."

## 대한민국 흙의 날, 3월 11일

매년 3월 11일이 무슨 날인지 아니? 바로 '대한민국 흙의 날'이야.
흙의 날은 2015년 3월 '친환경 농어업 육성과 유기식품 등의 관리 지원에 관한 법률 개정안'이 국회에서 통과되면서 만들어졌어. 농사의 바탕이 되는 흙의 소중함을 널리 알리고 우리 모두 흙을 잘 지켜 건강하게 보전하자는 의미에서 만든 날이지.
'흙의 날'이 3월 11일로 정해진 데는 깊은 뜻이 있어. 숫자 3은 농사의 기본인 하늘, 땅, 사람, 혹은 농업, 농촌, 농민을 뜻하고, 한자인 '흙 토(土)'를 풀면 '열 십(十)'과 '한 일(一)', 즉 숫자 11이 되거든.

# 2 차도녀, 유기농 마을의 농미남을 만나다

여름방학이 시작되자마자 도희네 가족은 차우직 씨의 고향으로 향했다.
자동차로 서너 시간이나 달린 끝에 도착한 곳은 자그마한 농촌 마을. 간밤에 비가 온 탓인지 차창 밖으로는 도시에서는 결코 맡을 수 없는 싱그러운 냄새가 풍겨 오고, 들판에는 푸르디푸른 논밭이 쭉 펼쳐져 있었다.

오~ 그리웠던 내 고향!
꿈에서라도 맡고 싶었던
흙냄새! 흐음, 감동이다!

차우직 씨와 나교양 여사가 아옹다옹하는 사이, 도희는 휴대전화로 농촌 풍경을 찍느라 바빴다. 바로 장래 꿈이 사진작가가 아니던가.

저만치 마을 어귀에 '유기농 마을에 오신 것을 환영합니다'라고 적힌 현수막이 보였다.

마을 입구에는 얼굴이 까무잡잡하고 눈썹이 짙은 붕어빵 부자가 헤벌쭉 웃으며 손을 흔들고 있었다.

바로 차우직 씨의 고향 친구인 오농군 씨와 아들 총명이었다.

차우직 씨는 부랴부랴 달려 나갔다.

너희 마을 같은 농촌에도 산성비가 내리면 안 좋을 것 같은데?

산성비가 내리면 논밭의 흙이 산성화되고, 흙 속 미생물들이 죽어서 농작물과 식물이 제대로 자라지 못하고 수확량도 줄어들어. 또 산성화된 흙에서 자란 농산물을 먹으면 사람 몸에 질병이 생길 수도 있대.

어이쿠, 산성비가 정말 무섭구나. 최대한 조심해야겠네.

### 쿠바의 유기농업

우리 쿠바는 세계적으로 유기농업의 성공 사례로 주목받는 나라야. 하지만 20여 년 전만 해도 다른 나라들과 마찬가지로 농약과 화학비료에 의존해 농사를 지었단다.

사회주의 국가들에 각종 물자를 공급해 왔던 소련이 무너지면서 쿠바 역시 큰 혼란에 빠지게 됐어. 화학비료와 농기계 공급 등이 끊기면서 식량이 부족해졌고, 온 국민이 굶주림에 허덕이게 되었지.

이때 쿠바 사람들은 식량 자급을 우선 과제로 삼아 농촌은 물론 도시의 자투리땅에 농작물을 심고 가꿨어. 그리고 화학비료와 농약을 구할 길이 없으니 지렁이 분변토를 이용한 지렁이 농법, 천적인 식물을 활용해 해충을 없애는 자연 방제 등 갖가지 유기농법을 연구하게 되었지. 그 덕분에 농촌의 논밭은 되살아나고 수많은 도시 농장들이 생겨났어. 그 결과 쿠바는 식량 자급률 100%를 이루는가 하면, 유기농법으로 재배한 커피와 과일을 비싼 값에 수출하는 등 경제적으로도 아주 윤택해졌단다.

쿠바의 사례를 보면 유기농업의 미래가 결코 어둡지 않다는 것을 알 수 있을 거야.

## 3 벼에도 꽃이 핀다?

이내 소낙비가 그치고 해가 쨍하니 떴다. 오농군 씨가 경운기 운전석에 올라타며 소리쳤다.
"자, 우리 집으로 갑시다. 모두 경운기에 타세요!"
"어머나, 경운기를 타 보다니! 완전 재미나겠다."
나교양 여사가 오두방정을 떨며 먼저 경운기에 올라타자, 도희와 차우직 씨, 총명이도 나란히 경운기에 올라 앉았다. 총명이는 뭐가 좋은지 연신 싱글벙글했고, 도희는 사진을 찍느라 바빴다.

"참, 도희는 경운기 탈 만하니?"
오농군 씨가 도희에게 물었다.
"네, 엄청 재미나요."
"호호. 덜덜거려서 엉덩이 아픈데 꾹 참고 있는 거 아냐?"
"엄마, 쉿!"
조금 뒤 총명이네 논에 도착했다. 그런데 초록색 벼 줄기마다 분홍 꽃, 빨강 꽃 들이 피어 있는 게 아닌가?

"흙을 살리고 사람 몸에 좋은 건강한 벼를 생산하기 위해서예요. 우렁이 농법으로 농사를 지으면 논에 화학 비료를 주거나 농약을 치지 않아도 되거든요. 우렁이 논에서는 벼들도 아주 튼튼하게 자란답니다."

총명이가 똑 부러지게 설명했다.

도희는 '지렁이 딸'한테 왠지 모르게 질투심이 솟아올랐다. 하지만 애써 무시하고 우렁이 사진을 찍는 데 열중했다. 논물 속에서 꼬물꼬물 움직이는 우렁이들은 정말 신기했다. 다슬기처럼 작은 새끼 우렁이부터, 커다란 우렁이까지. 벼 줄기에 다닥다닥 붙은 우렁이 알들도 여간 예쁘지 않았다.

## 친환경 유기농법에는 어떤 것들이 있을까?

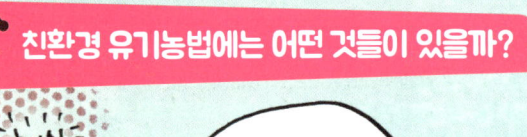

친환경 유기농법은 우렁이 농법밖에 없나요?

나는 오리 농법으로 벼농사를 짓지. 논에 오리를 풀어놓으면 해충과 잡풀을 다 먹어 치워 농약과 화학비료를 안 써도 되거든. 또 오리의 배설물이 거름 역할을 해서 논흙도 아주 기름져지지.

쌀겨 농법이라고 아니? 쌀겨에는 비료의 3요소인 질소, 인, 칼륨이 풍부해. 쌀겨를 발효시켜 논에 뿌리면 미생물이 쌀겨의 영양분을 먹고 빠르게 늘어나 논흙이 좋아져. 그래서 따로 화학비료를 쓰지 않아도 된단다.

나는 논에 참게를 풀어 농사를 짓는단다. 참게들이 해충과 잡풀을 먹어 치울 뿐더러, 논바닥을 부지런히 돌아다녀 논흙을 아주 기름지게 해 주거든.

### 흙도 사람도 망가뜨린 베트남전쟁의 고엽제

제초제가 얼마나 흙을 오염시키고, 사람한테까지 피해를 주는지는 1960년대 베트남전쟁에서 미군이 사용했던 고엽제 사례를 보면 잘 알 수 있어. 그때 미군은 적군인 베트콩을 없애기 위해 밀림과 논밭에 비행기를 이용해 제초제를 어마어마하게 뿌렸어. 식물의 잎에 닿으면 누렇게 마르면서 죽기 때문에 흔히 '고엽제'라고 부르는 것이었지.

베트남전쟁은 1973년에 끝났지만 고엽제 때문에 베트남 논밭의 40%가 황무지로 변하고, 나무로 울창하던 숲도 절반 넘게 사라졌지. 그뿐 아니라 태아의 절반이 죽은 채로 태어났고, 기형아인 경우도 전쟁 전보다 10배나 높았단다. 고엽제로 인한 피해는 베트남전쟁에 참전했던 우리나라 군인들에게도 많이 발생했고, 지금까지도 후유증으로 고생하는 이들이 적지 않단다.

## 4 네 똥으로 길렀다고?

　　그날 저녁 총명이네가 도희네를 초대했다. 총명이 엄마, 강다정 여사가 차린 소박하지만 정성이 담긴 건강 밥상이었다. 우렁이 쌀로 지은 기름 잘잘 흐르는 밥과 된장찌개는 물론이고 열무김치, 호박 볶음, 오이소박이, 상추쌈 등 손수 기른 유기농 농산물로 만든 음식들이었다.
　　차우직 씨는 마파람에 게 눈 감추듯 밥 한 공기를 뚝딱 해치우고는 한 공기를 더 먹었다. 돈가스나 햄 반찬이 없어 내심 실망했던 도희는 구수한 우렁 된장찌개에 반해 한 공기를 싹싹 비웠다.

더 주세요~

밥상을 물리고 나자 강다정 여사가 수박과 참외를 바구니 한가득 내왔다.

색이 곱고 윤기가 줄줄 흐르는 게 보기만 해도 침이 꼴깍 넘어갔다.

오농군 씨가 수박을 조각내고 참외를 깎기 시작했다.

단내가 풀풀 나더니, 역시나 둘 다 꿀맛이었다.

## 우리 조상들의 똥 사랑

농사를 중요하게 여겼던 우리 조상들은 예로부터 사람 똥을 아주 귀하게 여겼어. 똥을 논밭의 거름으로 사용했기 때문이야. 오죽하면 '밥은 밖에서 먹어도 똥은 집에서 싼다'는 말이 있었겠니. 애들이 밖에서 똥을 누고 오면 꿀밤을 맞기도 했다니까. 자기 집 논밭에 뿌려야 할 귀한 똥거름 재료를 밖에 뿌리고 왔으니 혼날 만도 했지.

심지어 너른 논밭을 거느린 농부들은 남의 집 똥을 사다 쓰기도 했어. 자기 식구들 똥만으로는 똥거름을 만들기 부족하니까 말이야. 그뿐 아니라 남의 집 똥이나 똥거름을 몰래 훔쳐가는 똥 도둑, 똥거름 도둑도 있었단다.

참, 내가 짊어진 것은 똥을 담아 퍼나르던 똥장군이란다.

## 천연비료 구아노

나는 페루 바닷가에 사는 바닷새, 가마우지야. 우리 가마우지들의 똥이 바위에 쌓여 굳은 것을 '구아노'라고 하는데, 이것은 예로부터 흙을 살리고 농작물을 잘 자라게 하는 천연비료로 아주 인기가 높았어. 비료의 세 가지 요소인 질, 인, 칼륨이 풍부하기 때문이지. 페루는 '구아노'를 수출해 한때 나라 경제를 살리기도 했단다.

# 5 지렁이 소녀의 등장

 이튿날 아침, 나교양 여사가 창밖을 내다보며 툴툴거렸다.
 "비가 오기를 간절히 바랐건만 아침부터 해가 쨍쨍하네. 여보, 감자밭에 당신이랑 도희만 가면 안 될까?"
 "나 여사! 그걸 말씀이라고 하시오? 그리고 설사 비가 온대도 감자는 캐야 할 거야. 감자 캐는 게 많이 늦어져서 하루라도 빨리 거둬야 한대."

도희도 한마디 거들었다.

"엄마도 참. 이왕 여기까지 왔으면 그냥 즐기세요. 감자 캐는 것도 재미있을 거 같은데."

"너 총명이한테 마음 있어 그러는 거 아냐? 그 녀석이 똘똘하고 야무지기는 하더라."

나교양 여사가 은근슬쩍 묻자 도희가 소리를 빽 질렀다.

도희네 식구는 아침을 먹자마자 총명이를 따라 감자밭으로 갔다. 나교양 여사와 도희는 얼굴과 목, 팔다리에 자외선 차단제를 듬뿍 바르고, 머릿수건과 밀짚모자를 푹 눌러쓰는 등 땡볕 대비 중무장을 한 건 물론이다.

너른 감자밭에 도착하니 오농군 씨와 강다정 여사, 마을 사람들이 한데 모여 벌써부터 부지런히 감자를 캐고 있었다. 그런데 웬 예쁘장한 여자애가 총명이를 보자마자 벌떡 일어나 달려오는 게 아닌가?

그때 오농군 씨가 도희네를 향해 짝짝 손뼉을 쳤다.

"자, 멀리에서 감자 캐러 오신 도시 농부님들! 제가 감자 캐는 것을 시범을 보일 테니 그대로 따라 해 주세요."

"네, 어서 보여 주세요!"

"먼저 감자 줄기와 잎을 쥐고 위로 쭈욱 뽑아 주세요."

"감자가 쑤욱 딸려 나오지요? 딸려 나온 감자를 떼어 내고 잎은 한쪽으로 치운 후 호미로 살살 흙을 파 보세요. 그럼 흙 속에 숨어 있는 감자들이 보일 겁니다. 그걸 캐내면 됩니다."

"감자 줄기와 잎을 잡고 쑤욱 당기라고요? 우아, 감자다!"

도희는 엄마 아빠를 따라 부지런히 감자를 캤다. 싱싱하고 건강해 보이는 싯누런 흙 속에 숨어 있는 감자를 캐는 건 보물찾기보다도 더 재미있었다.
그렇게 한참 감자를 캐던 도희가 갑자기 비명을 지르며 나동그라지고 말았다.
"으악, 엄마야!"

"지, 지렁이랑 버, 벌레들 징그러워!"

"너 누군데 얘네들을 징그럽대니? 얼마나 훌륭하고 멋진 애들인데. 지렁이들 덕분에 총명이네 감자도 실하게 잘 자란 거라고."

"아무리 도시에서 왔대도, 몰라도 너~~무 모른다. 교양이 부족해."

"지렁이가 멋지고 훌륭하다고? 기가 막혀."

"뭐, 너 말 함부로 할래? 네 별명이 '지렁이 딸'이라지만 무슨 지렁이 편을 그렇게 드냐. 유별나네."

서로 소개를 한 덕에 도희는 조금 전과는 달리 새롬이가 한결 가깝게 느껴졌다. 아빠 친구 딸인데다, 같은 또래라 그런 것 같았다. 새롬이의 얼굴빛과 눈빛도 부드러워진 듯했다.

그런데 총명이는 어디로 사라졌는지 좀체 보이지를 않았다.

# 흙을 지키는 착한 농부, 지렁이

# 6 골프를 칠까, 그만둘까?

　총명이네 마을에 온 지도 어느덧 사흘째가 되었다. 이날은 차우직 씨만 감자를 캐러 가고, 도희와 나교양 여사는 강다정 여사를 따라 부녀회 행사에 참가하기로 했다.
　차우직 씨가 해 뜨기 무섭게 감자밭으로 간 후, 도희와 나 여사는 느긋하게 나갈 채비를 했다. 10시까지만 마을 회관 앞으로 가면 되기 때문이었다.

"넌 감자 캐기보다 사진 찍기를 더 많이 했잖아. 이 엄마는 워낙 감자를 많이 캐서 온몸이 안 쑤시는 데가 없거든."

그러자 도희가 기가 막히다는 표정을 지었다.

"치이, 그런데 부녀회 행사가 뭐래요?"

"참, 그걸 안 물어봤네. 총명이 엄마가 너무 바빠 나가기에 깜빡했어. 보나 마나 재미있는 행사겠지. 노래자랑 대회라든가."

그때 밖에서 총명이 목소리가 들렸다.

둘의 이야기를 들은 듯 나교양 교사가 툇마루로 나오며 말했다.
"총명아, 아줌마는 안 가면 안 될까? 갑자기 머리가 아프네. 얼굴 헬쑥한 것 좀 보렴."
"헬쑥하기는! 조금 전까지 콧노래 불렀잖아요."

마을 회관 앞에 다다르니 분위기가 자못 심각했다. 아주머니들마다 '골프장 건설 반대, 환경보호'라고 적힌 띠를 이마에 두르고 결연한 표정을 짓고 있었다.
새롬이를 비롯한 아이들도 옹기종기 모여 떠들고 있었다.
조금 뒤 모두 버스에 올랐다.

## 느릅나무에 살던 울새는 어디로 갔나?

골프장에 뿌려지는 농약이 흙을 얼마나 오염시키고 생태계를 파괴하는지 들려줄까? 1954년 미국 미시간 주의 이스트랜슨 시에 울창한 느릅나무가 있었는데, 그 나무에는 울새들이 많이 살았어. 그러다 느릅나무가 병들어 시름시름 죽어가자 농약을 듬뿍 뿌렸단다. 덕분에 느릅나무는 괜찮아졌는데, 어느 날부터인가 느릅나무에 살던 울새들이 죽어 가기 시작했어.
살충제가 뿌려진 나뭇잎이 빗물과 함께 떨어져 스며들자 토양이 오염됐고, 흙 속 지렁이들이 그걸 먹고 울새들은 지렁이를 잡아먹으면서 연달아 피해를 입었던 거야. 울새뿐만 아니라 지렁이를 잡아먹고 사는 개똥지빠귀, 참새, 올빼미, 너구리, 두더지들도 먹이사슬에 따라 죽어 가기 시작했지. 또 살충제의 일부는 지하수에 섞여 강을 따라 바다로 들어가 수많은 물고기들까지 떼죽음을 당했단다.
이렇게 농약은 흙에 스며들어 토양오염을 일으키고, 꼬리에 꼬리를 물고 생태계를 연달아 파괴시키는 무서운 것이란다.

# 7 사라지는 숲과 녹색 댐

골프장 반대 시위는 다행히도 평화롭게 끝났다.
하지만 벌써부터 건설 현장은 흙을 절반도 넘게 파고들어 간 상태라, 강다정 여사를 비롯한 부녀회원들의 얼굴은 어둡기만 했다. 나교양 여사의 표정도 복잡해 보였다.
시위를 마친 일행은 다시 버스에 올랐다. 그런데 갈 때와는 다른 길로 돌아오면서 최신식 아파트가 지어진 곳을 지나게 되었다. 15층이나 되는 높이에 꽤 큰 아파트 단지였다. 더구나 옆에는 커다란 마트까지 있어 맞은편에 자리한 논밭만 아니라면 도시로 착각할 정도였다.

## 흙을 오염시키는 산업폐기물

이 근처에 염료 공장이 들어올 뻔했거든. 염료 공장이나 도금 공장, 농약 공장 같은 것이 생기면 산업폐기물이 나오고, 폐기물 속에 납, 아연, 구리, 수은 같은 중금속이 섞여서 흙이 오염될 수 있어. 흙이 중금속에 오염되면 먹이사슬을 통해 꼬리에 꼬리를 물고 환경과 생태계가 무섭게 파괴되고, 결과적으로는 우리 몸에도 중금속이 쌓이게 돼. 물론 폐기물 관리를 잘하면 그런 일이 없겠지만 말이야.

총명아, 너희 아지트 사라진 건 안됐지만 그나마 염료 공장 안 들어 온 건 잘된 일인 것 같다.

### 미국 러브 커낼 토양오염 사건

1942년 미국의 한 화학 회사는 건설 도중에 중단된 나이아가라 폭포 주위의 운하인 러브 커낼을 사들였어. 그러고는 10년 동안 약 2만 2천 톤의 산업폐기물을 그곳에 버린 후 1953년에 모두 흙으로 덮은 후 나이아가라 시에 기증했지. 나이아가라 시는 그런 사실을 모른 채 러브 커낼 자리에 학교와 주택지를 만들었단다.

그런데 1970년대 초부터 문제가 발생하기 시작했어. 피부병과 심장병, 천식으로 고생하는 주민들이 늘어나고 임신부는 기형아를 낳는 일이 벌어진 거야. 조사 결과 흙 속에 묻혀 있던 독성 산업폐기물 탓이었어. 산업폐기물에서 나온 중금속에 오염된 흙에서 자란 농작물을 주민들이 먹었기 때문이었지. 결국 미국 정부는 러브 커낼 주위를 긴급재해지역으로 지정한 후 학교를 폐쇄하고, 200여 세대의 주민들도 다른 곳으로 이주시켰어. 러브 커낼 사건은 산업폐기물이 얼마나 토양을 오염시키며 먹이사슬에 의해 큰 재앙을 가져다주는지 알려 주는 대표적인 사례란다.

저녁을 먹고 도희네와 총명네 식구는 평상에 둥그렇게 둘러앉아 얼음 동동 띄운 오미자 화채를 먹으면서 도란도란 이야기를 나눴다. 마당 한쪽에는 마른풀 더미에 불을 지펴 모깃불을 피워 놓았다.

"모기향이 그윽하구나. 공기 좋고, 흙냄새는 더 좋고! 겨우 사흘밖에 안 됐는데 몸이 백만 배는 건강해진 것 같아."

차우직 씨가 너스레를 떨자 나교양 여사가 빙그레 웃었다.

"모기향이 그윽하다는 사람은 처음 보네, 호호. 저도 오기를 잘했다는 생각이 들어요. 새로운 경험도 많이 하고, 알게 된 것도 많고요."

순간 새롬이네를 발견한 차우직 씨가 평상에서 벌떡 일어나 맨발로 달려 나갔다.

"친구야! 아무리 바쁘기로서니 삼십 년 지기가 왔는데 사흘 만에 나타나나?"

"정말 미안하다. 하필 연속 출장이 잡혀서 말이지. 그래도 너 보려고 하루 앞당겨 일찍 온 거야. 원래 내일까지 출장이었다고."

"하하, 그랬어? 고맙네, 고마워!"

하하하

아야야

도희네 식구와 인사를 나눈 뒤 김지룡 씨가 차우직 씨의 팔을 잡아끌었다.

"오늘 밤은 우리 집에서 자게나. 내가 지은 흙집 구경도 할 겸. 농군아, 우직이네 식구는 오늘 내가 좀 모시마!"

"명색이 지렁이 분변토 사업으로 먹고 사는 데 흙집에서 살아야 어울리지. 하하, 실은 우리 둘째가 아토피가 심해서 겸사겸사 흙집을 짓게 됐네."

"지룡이 너, 우직이를 채 갈 셈으로 왔구나. 뺏기기 싫은데 어쩌지?"

"흙집에서 살아? 손수 지으시? 대단해. 내 꿈을 네가 먼저 이뤘구나."

행복 행복

원투 쓰리

하·하·하

우 — 정

그때 새롬이가 조심스레 도희와 같이 자도 되는지 물었다.
"그렇게 하려무나."
김지룡 씨가 흔쾌히 승낙했다.
"하하, 처음에는 둘이 경계하는 눈빛이 장난 아니더니, 그새 친해졌구나. 우리 남자들은 회포 풀며 밤새 얘기나 하세."
오농군 씨가 웃으며 말했다.

도희는 망설이다 대답을 얼버무렸다. 사실 잠자리가 바뀌면 잠을 설치는 탓이었다.
'새롬이랑 자고 싶기는 한데, 잠자리를 또 바꿔? 그러다 또 못 자면 어떡하지? 총명이네 집에서도 첫날 밤에 겨우 잠들었는데.'

도희와 달리 나교양 여사는 손뼉까지 치면서 좋아했다.

"흙집이 건강에 그렇게 좋다던데, 잘됐다. 안 그래도 요새 새집증후군에 시달리고 있거든요."

"새 아파트 입주한 지 두 달 됐는데 도희 엄마가 두통에 피부염까지 생겨서 고생했어. 원래 좀 예민한 편이거든."

차우직 씨가 덧붙였다.

새롬이가 고개를 갸웃하더니 한마디 했다.

"도희야, 너네 집에서 새 키우니? 아줌마가 새집 얘기하시는 거 보니 새가 많은가 봐."

"갑자기 새는 무슨 새?"

도희가 의아해하며 반문했다.

"아이고 그게 아니고, 새집증후군을 말하는거란다."

"네? 새집증후군이 뭐예요?"

## 새집증후군이란?

잠시 뒤 도희네 식구는 새롬이네 흙집에 도착했다. 여름 밤이 더디 오기도 하지만, 보름달이 떠서 환히 비춰 주는 덕분에 달빛 아래 흙집의 모습이 훤히 드러나 보였다.

# 9 도시 가족의 흙 살리기 대작전

어느덧 집으로 돌아갈 날이 되었다. 도희네는 새롬이네 집에서 아침을 먹은 후 총명이네 집으로 와서 짐을 싸며 갈 채비를 했다.

떠날 시간이 다가오자 도희는 아쉽고 서운했다. 오기 전만 해도 3박 4일을 어찌 지내나 걱정했는데.

'아, 며칠 더 있다 가면 좋겠다. 그새 정들었나?'

하지만 나교양 여사는 콧노래까지 부르며 기분 좋은 눈치였다.
"도희야, 엄마 얼굴 어때? 유난히 뽀얀 게, 도자기 피부 같지 않니?"
"엄마 얼굴이 맨날 똑같지, 뭐."
"애는, 한번 만져 봐."
"어머! 진짜네. 엄마 피부 완전 보들보들해. 얼굴에 뭘 한 거야?"

"어젯밤 새롬이 엄마가 황토 마사지를 해 줬잖니. 그래서 그런지 화장도 엄청 잘 받아."
"아, 황토 마사지도 할 수 있구나. 난 새롬이가 황토 잠옷 줘서 입고 잤는데, 그래서인지 잠자리가 바뀌었는데도 푹 잤어."

그때 새롬이 목소리가 들렸다.
"깜빡하고 선물을 안 줬지 뭐야."
"난 준비 못 했는데……. 고마워, 그런데 웬 항아리야?"
"열어 봐."
도희는 잔뜩 기대에 차서 항아리 뚜껑을 열었지만 보이는 건 그득한 흙뿐이었다.

"흙이잖아! 우리 아빠가 좋아하겠다. 맨날 흙 타령 하는 분이니."

"항아리를 흔들어 봐. 딴것도 있으니까."

새롬이 말에 도희는 항아리를 이리저리 흔들어 보았다. 그랬더니 흙 속에 파묻혀 있던 것들이 꿈틀꿈틀하며 모습을 드러냈다.

바로 지렁이들이었다! 하지만 도희는 감자밭에서와는 달리 놀라지 않았다. 대신 뒤에서 누군가 "으아악! 지렁이다!" 하며 비명을 내질렀다. 총명이었다.

그제야 도희는 총명이가 지렁이를 무서워한다는 게 생각나 픽 웃으며 뚜껑을 닫았다. 간밤에 새롬이가 가르쳐 준 총명이의 비밀 중 하나였다. 감자 캐던 날 총명이가 도중에 사라진 것도 지렁이들 때문이라고 했다.

야, 김새롬! 내가 우리 집에 지렁이 갖고 오지 말랬잖아. 도희야, 빨리 뚜껑 닫아!

넌 그렇게 지렁이 무서워하면서 무슨 농부가 된다고 그러냐? 한심해서.

두고 봐. 언젠가는 지렁이랑 친해질 테니.

도희야, 뚜껑 닫았어?

"도희야. 지렁이 화분 만들어서 한번 키워 봐. 지렁이 똥으로 베란다에 텃밭도 가꿔 보고. 채소들이 잘 자랄 거야."

"지렁이 화분?"

"응. 어떻게 하는지 알려 줄게."

그때 총명이도 쭈뼛쭈뼛하면서 도희에게 뭔가를 쑥 내밀었다. 새롬이가 준 항아리와 비슷한 크기의 화분이었다.

그러다 도희는 보고야 말았다. 총명이가 신은 신발이 짝짝이인 것을. 자세히 보니 운동화 속에 신은 양말까지 짝짝이가 아닌가?

하지만 그런 모습이 오히려 좋았다. 똑똑하고 당차 보이기만 했던 총명이가 한결 친근하게 여겨졌기 때문이다.

## 지렁이 화분으로 베란다 텃밭 가꾸기

**1.** 공기가 잘 통하고 물 빠짐이 잘 되는 화분을 두 개 준비해. 토기나 나무 상자 같은 게 좋아.

**2.** 위의 화분에는 꽃을 심고, 아래 화분에는 흙과 지렁이들을 넣은 후 물을 조금 뿌려줘.

**3.** 두 화분을 겹쳐 놓은 후 베란다나 거실 등에 두고 2~3일 동안은 지렁이한테 먹이를 주지 마. 지렁이들이 새 환경에 익숙해지도록 하는 것이니까 가엾어도 참아!

**4.** 2~3일이 지나면 과일이나 채소 같은 음식물 쓰레기나 종이 등을 잘게 썰어 지렁이 화분 속에 넣고 흙으로 덮어 줘. 상하거나 기름기가 많은 음식 쓰레기는 주면 안 돼. 지렁이들한테 해롭거든.

**5.** 늘 흙을 촉촉하거나 약간 부슬부슬한 상태로 만들어 줘. 지렁이들은 흙이 너무 건조하거나 젖어 있으면 숨을 쉬지 못해 흙 밖으로 기어 나오거든.

**6.** 지렁이 똥을 베란다 텃밭에 뿌려 줘. 흙이 건강하고 기름져져서 채소가 아주 잘 자랄 거야.

개학날에는 새벽부터 비가 내렸다. 총명이네 마을에서 돌아온 지 3주일째 되는 날이기도 했다. 도희는 우산을 쓰고 학교로 향했다.
교문 가까이 갔을 때 아이들이 길가에 둥그렇게 모여 뭔가를 구경하고 있었다. 궁금해서 뛰어가 보니, 커다란 지렁이 두 마리가 화단에서 길가로 나와 꿈틀거리고 있었다.

도희는 깜짝 놀라 두 팔을 쫙 벌린 채 남자애들을 막아서고 소리쳤다.
"안 돼! 지렁이 밟으면 안 돼!"
그러고는 엄지와 검지로 지렁이를 한 마리씩 조심스레 집어 들어 길옆 풀밭으로 옮겨 주었다.
일이 학년 정도 돼 보이는 아이들은 눈이 왕방울만 해져서는 도희를 존경의 눈길로 쳐다보았다.

오후에 집으로 돌아오자마자 도희는 총명이와 새롬이에게 이메일을 썼다.

총명아, 새롬아 그동안 잘 지냈니? 나 도희야.
오늘 개학날이라 학교에 갔는데 길에서 지렁이를 만났거든. 그래서 너희 생각이 많이 나서 이메일 쓰는 거야. 반갑지?
나, 자랑할 게 있는데, 요새 지렁이 키워서 베란다 텃밭 가꾸고 있다! 내가 지렁이를 얼마나 잘 키우는지 계속 늘어나서 친구들한테도 분양해 주려고 해. 그리고 지렁이 똥을 뿌렸더니 베란다 텃밭의 채소들이 무럭무럭 자라더라. 방울토마토랑 상추, 호박, 오이를 심었는데, 벌써부터 싹이 나서 하루가 다르게 쑥쑥 크고 있어.
참, 우리 엄마 골프 끊고 배드민턴 치신다. 총명아, 너네 엄마한테 꼭 말씀드려 줘.
우리 가족 모두 요즘은 도시에 살면서도 어떻게 하면 흙을 살리고, 환경을 지킬까 고민하며 여러 가지 실천을 하고 있단다. 이게 다 너희 마을에 놀러 갔다 온 덕분이야. 그때 흙이 정말 소중하다는 걸 알았거든.
안 믿어진다고? 일단 내가 보낸 사진을 봐 봐. 겨울방학 때 우리 집에 놀러 와서 직접 확인도 해 보고! 내가 우리 동네 구경도 시켜 줄 테니. 그럼 답장 기다릴게. 안녕!

## 좋은 흙으로 할 수 있는 일들

- 도자기 만들기
- 천연색
- 피부 미용
- 화장품 및 의약품의 원료

흙은 여러모로 참 이로운 것 같아. 흙으로 할 수 있는 게 무궁무진하잖아? 그동안 흙의 가치를 너무 몰랐던 거 같아.

오! 우리 엄마, 흙 사랑에 푹 빠지셨네.

## 비 오는 날 지렁이가 많이 보이는 이유는?

지렁이는 햇빛을 싫어하고 어두컴컴한 것을 좋아해서 흙 속에서만 지내. 또 호흡기관이 따로 없어 피부로 숨을 쉰단다.
그런데 비가 오면 흙 속이 질퍽해져서 산소가 잘 공급되지 않으니까 지렁이들이 피부로 호흡을 하기 위해 흙 밖으로 기어 나오는 거야.

**작가의 말**

# 우리 함께 생명의 터전, 흙을 지켜요!

　요즘 도시에서는 흙을 구경하기도, 밟아 보기도 힘들어요. 길이란 길은 거의 다 아스팔트나 콘크리트로 덮어 있으니까요.

　농어촌에 가면 도시보다는 흙을 만나기가 쉽지만 그렇다고 그곳도 아주 흔한 건 아니에요. 논밭이나 산과 숲에는 흙이 그득하지만, 요즘 시골길들도 대부분 포장도로지요.

　하지만 내가 어렸을 때만 해도 도시고 시골이고 할 것 없이 흙이 지천으로 깔려 있었어요. 어디서나 깨끗하고 건강한 흙을 실컷 구경하고 밟을 수가 있었거든요. 그래서 어린이들은 마을 공터나 골목길, 논둑길에서 온종일 흙과 더불어 놀고는 했어요. 온몸이 흙투성이가 되는 줄도 모르고 말이에요.

　그런데 언제부터인가 흙은 우리와 멀어지게 되었어요. 도시화와 산업화가 빠르게 진행되면서 아스팔트와 콘크리트 아래로 묻혀 버렸으니까요.

　그뿐인가요? 예전에는 흙이 깨끗하고 건강하게 살아 숨 쉬었는데, 점점 오염되기 시작했어요. 농약, 화학비료, 산성비, 살충제와 제초제, 산업폐기물, 생활 쓰레기 같은 것들 때문에 더렵혀지면서 생명이 살 수 없는 '죽은 흙'으로 변해 간 거예요.

　그러자 사람들은 깜짝 놀라 흙을 깨끗하고 건강하게 지키기 위해 노력하게 되었어요. 농촌에서는 농약과 화학비료를 쓰는 대신 친환경 유기농법으로 농사를 짓고, 도시에서는 산업폐기물을 함부로 버리지 않기로 했지요. 또 일상생활에서 나오는 쓰

레기를 최대한 줄이고, 분리수거도 보다 철저히 했어요. 흙이 오염되는 걸 막아 주는 식물들을 곳곳에 심기도 했고요. 흙은 '생명의 터전'이자 '생명의 고향'인데, 오염되거나 죽은 흙에서는 동식물과 농작물은 물론 사람도 살아갈 수 없기 때문이에요.

흙을 자주 접할 수 없는 까닭에 우리는 자칫 흙의 소중함을 잊기 쉬워요. 그러나 우리가 건강하게 살아가기 위해서는 반드시 흙을 깨끗하고 건강하게 지켜가야 한답니다.

제가 이 책 《흙을 망친 범인을 찾아라》를 쓴 것도 흙이 얼마나 소중한 존재인지, 또 어떻게 해야 흙을 깨끗하고 건강하게 살릴 수 있는지를 여러분과 함께 살펴보고 싶었기 때문이에요.

농촌으로 휴가를 간 도희 가족과 함께 우리 같이 그 방법을 알아보아요!

신현수

국립중앙도서관 출판예정도서목록(CIP)

흙을 망친 범인을 찾아라 / 글: 신현수 ; 그림: 지문.
— 고양 : 위즈덤하우스 미디어그룹, 2017
  p. ;   cm. — (지구를 살리는 어린이 ; 08)

ISBN 978-89-6247-853-2 74530 : ₩10000
ISBN 978-89-6247-349-0 (세트) 74530

토양 오염[土壤汚染]
환경 보호[環境保護]
539-KDC6                    CIP2017016134

지구를 살리는 어린이 08
## 흙을 망친 범인을 찾아라

초판 1쇄 발행 2017년 7월 28일   초판 4쇄 발행 2018년 7월 30일

글 신현수   그림 지문
펴낸이 연준혁   스콜라 부문대표 신미희
출판5분사 분사장 윤지현   디자인 design lovey

펴낸곳 (주)위즈덤하우스 미디어그룹   출판등록 2000년 5월 23일 제13-1071호
제조국 대한민국   주소 경기도 고양시 일산동구 정발산로 43-20 센트럴프라자 6층
전화 (031)936-4000   팩스 (031)903-3891   전자우편 scola@wisdomhouse.co.kr
홈페이지 www.wisdomhouse.co.kr   스콜라카페 http://cafe.naver.com/scola1

ⓒ신현수, 2017
ISBN 978-89-6247-853-2  74530
ISBN 978-89-6247-349-0(세트)

이 이 책은 저작권법에 따라 보호받는 저작물이므로 무단전재와 무단복제를 금지하며, 이 책 내용의 전부 또는 일부를 이용하려면 반드시 저작권자와 ㈜위즈덤하우스 미디어그룹의 동의를 받아야 합니다.
  * 잘못된 책은 바꿔드립니다.   * 이 책의 사용연령은 8~13세입니다.

스콜라는 (주)위즈덤하우스 미디어그룹의 아동·청소년 브랜드입니다.